にゃんこ

Nyanko
Nietzsche

ニーチェ

JN089732

リベラル文庫

はじめに

　19世紀に生きた哲学者ニーチェは、「どう生きればいいのか」を考え続けた人でした。彼の哲学には、現代を生きる私たちの指針になるような言葉がたくさん出てきます。

　ニーチェは言います。「固定的な真理や価値はいらない。君自身が価値を創造していくのだ」と。まず、世の中で当たり前だとされている常識を疑い、自分の頭で考えることから始めてみましょう。そうやって、自分が何を受け入れ、信じるのかを選びながら、人生を切り開いていくのです。

　本書では、ニーチェの言葉を、身近な例や分かりやすい言葉を使って紹介しています。

　この本を通じて、あなたが殻を破って、自分が望んだ世界へと飛び出せますように。

① 目覚めよ

② 自由であれ

喜びを見つけよ

④ 自らを高めよ

前を見て進め

chapter 1

目覚めよ

真実を見極めよう

//

自分で見つけた答えだから、意味がある

　あなたは何か重要なことを決める時、誰かの意見を参考にしますか。ならば、その存在とは誰でしょうか。人によっては恋人や親兄弟でしょう。信仰のある人は神様かもしれません。

　しかし、生きるための指針をいつも他者に求めると、失敗しても「あれは自分の判断ではなかった」と心の逃げ道をつくってしまうものです。

　他者の意見を鵜呑みにする前に、まずは自分自身でとことん考えましょう。そして、真実を見極めるよう努力するのです。苦しみながらも自分で見つけた答えは、あなただけのもの。その道を怖れずに進む勇気こそ身につけたいものです。

//

神は死んだ。神は死んだままだ。
それも、我々が殺したのだ。

//

新発見は
身近にある

日常を少し掘り下げてみよう

　人生で迷ったり、行き詰まったりした時は、身近な場所を見つめ直してみると、新しい発見に繋がることがあります。

　本棚に眠っていた本を読んでみると思いがけないアイデアが浮かぶかもしれません。くだらない話で盛り上がる友人と真面目に話したり、聞き流していた両親の言葉を正面から受けとめたり。日常を少し変えるだけで、新しい発見に出会うことがあるのです。

独創的とは、何か新しいものを
初めて観察することではない。
古いもの、古くから知られていたもの、
または誰の目にも触れてはいたが、見逃されていたもの
を、新しいもののように観察することが、
真に独創的な頭であることの証拠である。

自分の種を
育てよう

自分の志を伸ばしていこう

　成功するためには、種＝志が大切です。私たちは果実＝
成果ばかりに目を向けますが、その果実を生み出すのは種
なのです。

　自分の志と何を伸ばしたら成長に繋がるかを考えましょ
う。その上で環境を整え、優れた先生について教わること
です。スポンジのような柔らかな心で、すべてを吸収して
いきましょう。自分の中にある種を育てながら、成長して
いくのです。

　目先の成果にとらわれすぎて、自分の種を見失わないよ
うにしましょう。そうやって、志を貫いていけば、そこで
得られた成果を次に生かして、大きく飛躍することも可能
なのです。

樹木にとって最も大切なものは何かと問うたら、
それは果実だと誰もが答えるだろう。
しかし、実際には種なのだ。

常識を疑え

疑問を感じたら、立ち止まってみよう

　今の時代を生きているあなたに、現代の価値観を疑えというのは難しいかもしれません。しかし、テレビのニュースを見ている時に、当然のような顔で話すコメンテーターの言葉に違和感を覚えた経験は、誰でも一度はあるのではないでしょうか。

　「ひどい批評だな」「これって真実なのかな？」。違和感や疑問を抱いたら、立ち止まってその事件を見つめてみましょう。世論に同調する前に、それが自分でも納得のいく意見なのかを考えてみることが大切です。

　いつも新しい時代の価値観は、その時代に真実とされているものを疑い、別の角度から見ることで創り出されてきたのです。

真実の追求は、誰かが以前に信じていた
全ての"真実"の疑いから始まる。

本気は伝わる

時代を超えて、思いは生き続ける

　書き手の真剣な熱い思いが綴られた手紙は、仮に字が下手くそで、表現がとても幼稚だったとしても、そこに込められた思いは確実に相手へと伝わります。

　数百年前の恋人たちが交わした恋文や、戦場の父親から息子に向けた手紙、あるいは特攻隊の青年たちが残した短いメモなどが、現代を生きる私たちの胸を揺さぶるのは、そこに書き残されたものが、書き手の血肉を分けたスピリット（精神）だから。

　自らの分身のようにして書き残されたものは、時代を超えなお生き続けます。雑念を排し100％真剣であることは、真に人を動かすのです。

血をもって書け。そうすればあなたは知るだろう。
血が精神であることを。

恋は忍耐

恋する気持ちが、底知れない力をくれる

　恋をしたら、誰でも客観的な判断ができなくなるもの。周りに迷惑を掛けていても気づかないこともあります。自分が受けている行き過ぎた仕打ちにも、じっと耐えてしまうかもしれません。

　与えても見返りの得られない、片思いの恋。そんなつらい恋から、人が学ぶことは限りなく多いのです。

　自分が傷つくことで人を傷つけることの罪深さを、自分が待ち続けることで人を待たせることの残酷さを学んだ人は、その痛みによって、人間としての深みを増していきます。恋する気持ちが、痛みに耐える底知れないエネルギーを生み出すのです。

人間は恋をしている時には、
他のいかなるときよりも、じっとよく耐える。
つまり、すべてのことを甘受するのである。

ときには
自分にも甘く

まずは自分を大切にしよう

　同僚の人生相談に付き合うという名目で遅くまで飲み歩いたり、毎晩のように長電話したり。「付き合いがいいね」と、仲間には頼られ、あなたも誇らしく感じているかもしれません。

　しかし、自分の心の奥をのぞきこんでみると、そこに不思議な未消化の感情、寂しさのようなものが見え隠れしていませんか。寂しさをごまかして、他人のために時間を使うのはやめましょう。あなたの人生を全力で楽しみ、夢と向き合い、恋人や家族を愛することこそが、あなたの人生を豊かにするのです。

　あなたは、きちんと自分自身の人生を生きていますか。まずは、自分を満ち足りたものにすることが、先決ではないでしょうか。

あなたがたの隣人への愛は、
あなたがた自身への愛がうまくいかないからだ。

自分が正しいとは
限らない

いつも自問自答しよう

　成功を手にする人は、信念を貫く不屈の強さを持ちながらも、その過程においては反省や改良を重ねていった人です。

　ノーベル賞を受賞した科学者たちも、栄光までの道のりの中で数え切れない失敗や、その失敗から得た改善を繰り返し、ついに成功へと到っているのです。

　大きな夢を成し遂げるには、不屈の精神が大切です。それに加え、自分自身の足りない部分に心を留める謙虚さを養いましょう。

　いつも自分が正しいとは限りません。自分のすべてを過信しないこと、その謙虚さがあなたを成功へ導いてくれるのです。

一段深く考える人は、
自分がどんな行動をし、どんな判断をしようと、
いつも間違っているということを知っている。

愛のカタチは
変わる

「愛は変わるもの」と受けとめて

　永遠の愛を誓い合った二人でも、時が経つにつれて、その愛の濃度が変わり、やがて愛そのものが消えていくことがあります。それは自然な移り変わりなのですが、私たちはそれを許せません。

　愛は永遠であるべき、変わってはいけないという思い込みが私たちを支配しているのです。身体や、ものの考え方は刻々と変化しているのに、人は不思議と愛には永遠不変を求めます。

　私たちが幸せになるために必要なのは、愛の変化をビクビク恐れたり変化した相手を恨むことではありません。愛は変わるものと受けとめて、相手の今の気持ちとどう向き合うかを考えていけると、少しラクになるかもしれません。

愛が恐れているのは、愛の破滅よりも、
むしろ、愛の変化である。

誰かがしいた
レールの上は
歩かない

いつも心に目標を

　人間には不思議な弱さがあります。すでに敷かれた道の上はまっすぐに進んでいけるのに、自ら開拓して道をつくれと言われると、途端に尻ごみしてしまいます。

　あなたが真の自立を願い、あなただけの人生を歩んでいきたいと切望しているのなら、そのはじめの一歩はとても重要。

　人のつくった道ではなく、内なる心の声が呼びかけるままに、自分自身で道を開き、進んで行きましょう。また、あなたが選んだ道も惰性で進んでいないか、時には見直すことが必要です。目標に向かって軌道修正していく、知力や体力、何よりも心の強さこそが、あなたの進むべき道標となるのです。

いったん選んだ道に関して頑張る人は多い。
目標に関してそうする人は少ない。

カラダは正直

カラダや感覚を信じてみる

「何だか嫌な感じがする」…。何の理由もなくそう感じることはありませんか。私たちは日常生活の中で、感覚を無視してしまいがちですが、実はそこに大切なヒントがあるのです。

自分の担当するプロジェクトで、「何かがおかしい」と気づいていたのに、原因追及をしないでそのまま進めたために、大きな損害に繋がってしまった。あの時の勘を大事にすればよかったと後悔したこともあるかもしれません。

進むべきかどうかで迷った時は、自分の感覚を信じてみましょう。理詰めで考えた知恵よりも、カラダや感覚の方が優れていることもあります。それを大切にしてやめる勇気も持ちましょう。

あなたの最善の知恵の中よりも、
あなたの身体の中に、より多くの理性があるのだ。

笑いに
人格が出る

人の不幸より、自分を笑おう

　人の不幸を笑うくらいなら、自分のアンラッキーを笑いに変えましょう。同僚や友人の失敗や不幸を笑うのは浅ましく、あなたの評価を下げることだと知りましょう。相手の立場になって心配する思いやりの気持ちを持ちたいものです。

　そして、自分の窮地においては、ユーモアが口をついて出るという精神こそ、真の強さです。笑いは周囲を和ませるだけでなく、自分の苦境にポジティブに立ち向かう力を与えてくれます。

　笑いには、その人の人格が表れます。どんな時も笑いの対象を他者に向けない人でありたいものです。苦しい時に自分の不幸を笑いに変える明るさから、苦難を突きぬけるエネルギーが生まれてくるのです。

人が何を笑いの対象にするかで、
その人の人格がわかる。

色眼鏡を外そう

人の数だけ真実はある

ある教師について一部の人は「彼は厳しいよ」と眉をひそめ、一方で別の人は「熱い教育者なんだよ」と賞賛を惜しまない。

同じものを見ても人の数だけ感想があるというのは、よくあること。およそ人の感覚や批評、意見の類いに、純然たる真実は存在しません。100人いれば100通りの解釈があります。

だからこそ「絶対にこうだ」などと決めつけずに偏見を捨てて眺めてみましょう。色眼鏡を外して、素直な心で相手を見ることができれば、周りの世界も変わります。

自分の意見も一つの解釈に過ぎないという謙虚さは、他の無数の意見も聞き入れる器の大きさをあなたに与えるのです。

事実というものは存在しない。
存在するのは解釈だけである。

勇気は最強

勇気ある行動は人を動かす

　到底かなわないような強い敵に、たった一人で挑む時。あなたの思いつめたまなざしやその気迫には、どんな相手も圧倒されるでしょう。真に勇気のある行動は多くの人を動かすものです。

　たとえば、入社したばかりの新人が、並み居る先輩たちを押しのけて高い営業成績を出すことがあります。新人には先輩たちのようなネットワークも商品知識もない。だからこそ逆に勇気を出してクライアントに飛び込んでいけるのです。

　固定観念に縛られず、真摯な心で相手に向かっていくからこそ、難しい交渉も成立させることができるのです。

　勇気に勝る強さはありません。大きなことに挑戦したい時は知識を磨くよりも、飛び込んでいける勇気を磨きましょう。

勇気にまさる殺し屋はない。

ニーチェの生涯

　哲学者ニーチェは、1844年にプロイセン王国領ザクセン（現在のドイツザクセン州）の小さな村に牧師の子として生まれました。名門校プフォルター学院へ特待生として入学、順調にキャリアを形成し、24歳という若さでスイス・バーゼル大学の古典文献学の教授に就任します。

　この頃から体調を崩し、保養地での療養を繰り返しながら、1872年には処女作「悲劇の誕生」を発表。音楽家ワーグナーの楽曲に魅了され、交流を深めました。しかし、健康状態の悪化により32歳で教授職を離職、ワーグナーとも決別します。

　38歳の時にはルー・ザロメというロシア出身の女性に求婚しますが拒絶されます。10年に及ぶ漂泊の間、人間の真にあるべき姿を模索しつつ命を削るように執筆を続けましたが、やがて精神が崩壊。バーゼルの精神病院へ入院し、55歳の夏に狂気のうちに死去しました。

　ニーチェの思想は20世紀の哲学思想に大きな影響を与えました。代表作に、「ツァラトゥストラ」「道徳の系譜」「善悪の彼岸」「人間的、あまりに人間的」などがあります。

chapter 2

自由であれ

ココロは気まぐれ

自分の感情を手懐けよう

　人間は気まぐれな生きもの。楽しみにしていたデートも、前日に仕事で嫌なことがあったら、それどころではなくなります。上の空で、「聞いているの？」と相手を怒らせたりすることも。

　特に落ち込みや怒りの感情はやっかいなもの。迷惑を掛けたり、信用を落とすことが分かっていても、コントロールできません。

　感情に振り回されないためには、思考を切り替えるしかありません。まずは、意識的に固まった姿勢をリラックスさせること。そして否定的な思考から肯定的な思考に意識的に切り替えることです。毎日の習慣で自分の感情を手懐けていくしかないのです。

人間は行動を約束することはできるが、
感情は約束できない。
なぜなら、感情は気まぐれだからである。

皆それぞれの
場所がある

嫉妬や僻(ひが)みに振り回されない

　仕事で成功している時は、学生時代に仲の良かった友人も「俺たちとは住む世界が違うから」と言って、飲み会に誘ってくれなかった。それが、仕事がうまくいかなくなると、「大丈夫か」「仲間を頼れよ」と、急に誘いが増えたりする。

　人間は、同類だと思っていた人が活躍すると嫉妬や僻みの感情が湧いてきます。相手の美徳を素直に讃えることができません。逆に失敗した人には、同情して優しい言葉を掛ける余裕ができます。

　他者の評価というものは、それほどあいまいなもの。人の評価はあまり気にしすぎないほうが賢明です。その評価が正当だと感じた時だけ、向き合えばいいのです。

人々はあなたの美徳によってあなたを罰し、
あなたの過ちによってあなたを許す。

世界は狭い

臆せずチャレンジしよう！

「入社してみたら想像と違ってがっかり」「グローバル企業とか言ってるけれど、やってることはただのパソコン作業なのよ」。新人が会社の悪口を言っているシーンは、どこにでもあります。

夢を抱いて入った業界が、実際は実務的な作業ばかりの地味な仕事。理想とのギャップに直面すると、失望してしまうのです。

でも、これこそが社会なのです。退屈な実務を基本として、その上に才能を花開かせることができるかどうかは、あなた次第。夢をつかみたいのなら、基本となる泥臭さを受け入れることも必要です。その上で、臆せずにどんどんチャレンジをしていきましょう。それを乗り越えれば、大きなことができるのです。大きな仕事は、小さな毎日の積み重ねからできているのですから。

本当の世界は、想像よりもはるかに小さい。

思い切って
飛び込もう

夢や情熱の炎を絶やさないで

いくつになっても、夢や情熱を胸に、挑戦を続けていく人は素敵です。たとえば退職後に夫婦でエヴェレスト登頂を目指したり、還暦を過ぎてから大学に再入学したり。

わざわざそんなことをしなくても生活に何の支障もないのに、それまで胸の奥にしまっていた情熱の炎にあおられるように、新しいものへと挑戦していく人がいます。

「生きがい」や「夢」を胸に更なる高みへと進んでいく姿は、自由で力強い人間の姿そのもの。あなたの夢や生き方は、誰かによって、傷つけられるものではありません。いくつになっても、情熱の炎を抱き続けている人になりたいものです。

そうだ、**傷を負わせることのできないもの、**
葬ることのできないものが、私の中にある。

軽く超えていこう

勇気を出して、社会に飛びこもう

　先生から学ぶことは大切です。しかし、いつまでも受身な生徒でいてはいけません。先生は尊敬し学ぶべき存在ですが、いつかは乗り越えることが必要です。

　社会の中で何かを成すための学びならば、恐れずに学んだことを実践へと移していきましょう。実社会で揉まれてこそ、その学びは意味を持ちます。社会の中で苦しみつつ学びを活かしていく姿を見せることこそが、先生への最大の恩返しです。

　そして、いつかは先生に追いつき、超えることを目指さなければただの模倣で終わってしまうのです。先生の教えを理解し、それを自分の新しい形に生まれ変わらせるのです。さあ、先生を軽々と超えて次のステージに進みましょう。

**いつまでもただの弟子でいるのは、
師に報いる道ではない。**

重荷を下ろそう

乗り越えられる課題か、見極めよう

　重すぎる課題は、プレッシャーも多く、人を萎縮させます。時には、取り組む人の才能も個性も潰してしまうことがあります。

　人の器はさまざまです。他の人にできることが自分にはできないと落ち込みます。でも、大切なのは自分の持っている才能を十分に発揮して生きることです。

　「自分の良いところが発揮できていないな」と感じたら、それが乗り越えられる課題かどうかを見極めましょう。今の自分にとって難しいものなら、課題を減らして、残った課題に心血を注ぐことです。大きすぎる課題を抱えることは、必ずしも自分を活かす方法ではないのです。

**いつも大きすぎる課題を負わされてきたために、
才能が実際よりも乏しく見える人が少なくない。**

成エカは
勝ち取るもの

自分の力で成功しよう

　世の中には要領の良い人がいます。力のある上司や権力者に取り入り、彼らの力にうまく便乗して目的を達成する人です。

　社会で成功を収めるためには、誰かの力を借りることも必要でしょう。しかし、人よりも一段高く、尊敬や憧れを受けるほどの高みに登りたいと願うのならば、闘いには一人で挑みましょう。

　どうしても達成したいと思うことがあるなら、人の力を借りず、自力で堂々と挑むことです。成功は自分で勝ち取るものです。

　あなたが失敗しても成功しても、その姿勢にこそ、人々は賞賛を送るでしょう。

高く登ろうと思うなら、自分の脚を使うことだ。
高い所へは、他人によって運ばれてはならない。
人の背中や頭に乗ってはならない。

直感を大切に

感覚は幸せになるためのギフト

　頭だけで生きていませんか。理性的に考え、目に入った対象を分別処理するような思考を続けていると、動物的な欲求や直感を抑えてしまいます。しかし、私たちは人間という生きものです。空を飛んだり、野を駆け回っている獣たちと私たちの間には、多くの共通点があるのです。

　私たちに備わっている野生的感覚。見て、聞いて、味わって、嗅いで、触れるという五つの感覚に加え、鋭い直感を意味する第六感は、素晴らしいものです。これらは人が幸福に生きることを助けてくれる存在であることに気づきましょう。

不健康なものより健康を、弱いものより強いものを、
醜いものより美しいものを、あの世よりこの世を、
霊魂より肉体を、禁欲より快楽を価値とみなす。

こびを売るのは
やめよう

真の思いやりを身につけよう

相手が間違っていれば厳しく諌め、危険な道に進もうとしていれば身体を張って阻止する、真の思いやりや誠実さで行動すると、敵をつくることがあります。人は、ただ柔らかく賛同し、親切に接してくれる人を求めがちなのです。

誰の意見にも反対せずに寄り添い、ニコニコと微笑んでいる人。それは、場合によっては人に嫌われたくない臆病者かもしれません。こびを売ってへつらい、相手が間違った方向へ進むのを見て見ぬふりをするのはやめましょう。

嫌われたくないがゆえの優しさは遠ざけ、相手のことを考えて行動する、真の強さを身につけたいものです。

誰にも親切を尽くす。これは臆病というものだ。
たとえ「美徳」と呼ばれようと。

好きな色を塗ろう

創造的な生き方には、勇気がいる

独創的で心豊かな人生を送りたいなら、社会の常識から距離を置き、自分たちの勇気を信じて生きましょう。

「好きなように生きる」と口にするのは簡単ですが、実際に行動し、その生き方で成功を収めるのは並大抵のことではありません。「好き」に踏み出すためには、勇気が必要です。そして、自己責任を覚悟し、イバラの道かもしれない道を粛々と歩んでいける人こそ、真に創造的な人といえるのです。

一緒に同じ道を歩む仲間たちと、悩み苦しんで見つけた答えこそが、あなたが理想とする世界を創り出すことに繋がるのです。

**君たちは君たちの感覚で掴んだものを究極まで
考え抜くべきだ。君たちが世界と名づけたもの、
それはまず君たちによって創造されねばならぬ。**

善い悪いって
誰が決めたの？

創造力は、次の進化に導いてくれる

　時代の転換期には、既成概念を打ち破る新しいものが次々と生まれます。現代のインターネットの普及などはその最たるものでしょう。そして根拠のないバッシングや迫害に曝（さら）されるのも、新しいものたちの宿命かもしれません。

　私たちは慣れ親しんだものに愛着を覚え、自分たちの生活を変えるような新参者には本能的な恐怖を感じるのです。

　しかし、新しさは決して悪ではありません。今、あなたが驚き見つめているその新しい存在こそが、私たちを次の進化へと導いてくれるかもしれないのです。

善い者たち、正しい者たちを警戒せよ。
かれらは、自分自身の徳を創り出す者を、
好んで十字架にかける。かれらは孤独者を憎むのだ。

自分を
抑えつけるな

世間から非難されても、自由に

ありのままの自分を生きて、その確固としたスタイルを周囲にも認められた人は、自由です。しかし、そこに到るまでの道のりは、決して平易ではなかったはず。意思を持ち、発言を始めた人を、世間は容赦（ようしゃ）なく叩き、心ない誹謗（ひぼう）中傷で傷つけるでしょう。それは、自由を求める者の宿命かもしれません。

しかし、それでいいのです。世間の価値観に合わせて自分の意見を殺す、そんな生き方は苦しくありませんか。惨（みじ）めさや消化不良の感情を抱えて生きるくらいなら、自分に嘘をつかず気高く生きましょう。それによって敵は増えるかもしれませんが、その代わり、大きな自由を手に入れられるはずです。

到達された自由のしるしとは何か？
もはや自己自身に対して恥じないことだ。

ひとりの時間を
楽しむ

孤独を味わうと、見えてくる

　集団で行動することが当たり前になると、個人としての感情がすり減っていきます。思い切ったことができなくなり、集団としての思考で社会を眺めるようになるのです。

　現代は携帯やSNSでいつも人と繋がっています。他人の意見を気にし過ぎているな、萎縮しているなと気づいた時は、集団から離れ、一人の時間をつくりましょう。

　あなたが一人ぼっちの時間に感じる寂しさや切なさ、あるいは開放感といった感情は、自身を深く見つめ直すチャンスです。より豊かな自分を創り上げるためには、時おり孤独と向き合うことが必要なのです。自分の心の弱さや強さを静かに分析しましょう。そして、その時に見えたものを人生に活かしていきましょう。

孤独な者よ、君は創造者の道を行く。

ルサンチマンとは

　ニーチェの著書に出てくる主要テーマの一つで、人の嫉妬心や憎しみといった感情を、心の内側に溜め込んでいる状態を表すフランス語です。

　ニーチェの生きた時代は、キリスト教の価値観が社会を強く支配していました。キリスト教の中心思想は、「隣人愛」です。確かに、他人への思いやりを培（つちか）うことはどんな社会でも推奨（すいしょう）されていますが、ニーチェの時代は「貧しいもの、病めるものこそ幸いである」という聖書の一節が拡大解釈され、「強い者や力のある存在よりも、弱く無力な存在こそ幸せで恵まれた存在である」という禁欲的な価値観を生み出していました。ここに弱者の僻（ひが）みや劣等感をベースとした強者叩きがあると、ニーチェは見ぬいたのです。

　キリスト教の道徳やそれを母体として生まれた近代市民社会のヒューマニズムなどは、しょせん強者に対する弱者のルサンチマンを表した、いわば奴隷道徳であるというのがニーチェの主張でした。そして彼は、人間の狡（ずる）さや弱さを全肯定してはいけない、人間はもっと誇り高く、もっと強く生きることができるとして、このルサンチマンを徹底批判したのです。

chapter 3

喜びを見つけよ

今日は誰に
あげようか

与えるのは、あなたから

目に見えるプレゼントでも、見えない思いやりであっても、自分以外の誰かを思い、行動を起こし、その人の喜ぶ顔を見ることができるというのは、あなたに心の余裕がある証です。

人は、余裕がない時は自分を守ることだけで精一杯。誰かのことを考える一瞬はあっても、実際に行動に移すまではいたりません。

恋人のために美味しいコーヒーを淹れる。出勤したら同僚にやわらかな笑顔で接する。こんなささやかなことでも、あなたから相手へと差し出せるということが、あなたの心を豊かにします。

一日一日を始める最良の方法は、
目覚めの際に、今日は少なくとも一人の人間に、
一つの喜びを与えることができないだろうかと、
考えることである。

好きなものは
何ですか

好き嫌いで決めるのは、やめよう

あなたには、価値観や趣味の異なる友人がいますか。

「気の合う仲間たち」とあなたが言う時、それは価値観の似たグループを指していませんか。

人は、自分と似た好みを持つ人に親しみを感じ、好みや価値観が異なる人を敬遠するもの。こういった好き嫌いを野放しにすると、様々なシーンで対立や争いを生みます。

今、世界で起こっている戦争の多くも、相手との価値観の違いを認めないことからくるものでしょう。

自分が何に心を寄せ、何に抵抗感や嫌悪感を感じているのか。好き嫌いからくる感情を客観的に見てみましょう。そのことが他者との不毛な争いを回避するための、一つの方法になるのです。

およそ生きることは、
趣味と嗜好をめぐっての争いである。

喜びを
分かち合おう

喜び合えるのが、本当の友人

あなたは、友人の成功を讃えることができますか。

嫉妬や僻（ひが）みに囚われずに、友人が努力の末に手にした成果には素直に拍手を贈りたいものです。

ライバルが金メダルを手にした時、相手を讃え、ぎゅっと抱きしめて祝福するオリンピック選手たち。その姿は美しいものです。自分も同じステージで闘ったからこそ、相手の努力とその成果を心から讃えることができるのです。

目標に向かって努力をする時に、日々の苦しみだけでなく喜びを共に分かち合いながら、高め合えるのが本当の友人です。そして、相手の成果にも心から共感できる気高さを養いましょう。

苦しみをともにするのではなく、
喜びをともにすることが友人をつくる。

自分を
好きになろう

必要なのは、自分を大切にすること

　自分自身をもっと大切にしましょう。自分を尊重せず、ないがしろにする人に、他者を愛することなどできません。

　まずは今日一日を有意義に過ごしましょう。自分の心身を正しくメンテナンスし、いたわります。仕事に終始するだけでなく、自分を豊かにするための趣味の時間も大切に。そして、今日一日頑張った自分を褒めましょう。

　こうした積み重ねが、自分への愛を深めます。そして、それが自然に周囲への愛にも繋がるのです。

聖書にあるように、隣人を愛するがよい。
しかし、まずはこの自分自身を愛さなければ。
自分を少しもないがしろにすることなく、
しっかりと愛さなければ。

笑いは発明

笑いがあなたを救う

しばらくお腹の底から笑っていないなあと気づいたら、毎日の生活の中で、意識して笑ってみましょう。

仕事や子育て、煩わしい人間関係にイライラすると、顔も身体も硬くなり、コリや疲れで肉体に痛みまで出てきます。

そんな時、声を出して笑うと身体が温かくなり、緊張によって硬くなっていた表情や筋肉までほぐれていきます。笑いこそ、心と身体をポジティブに切り替えてくれる最良の手段です。

生きることは苦しいことです。だからこそ、生きることの大変さや苦しみを和らげるために笑いが生まれたのです。たまには、お腹の底から笑って心身のバランスをとりましょう。

人間のみがこの世で苦しんでいるので、
笑いを発明せざる得なかった。

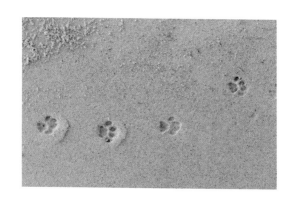

足跡をたどろう

過去から学べることの多さ

　今、あなたの身に起こっていることは、いつかの時代に誰かの身に起こったことかもしれません。時代や国が違っても人が直面する悩みや苦しみは同じです。遠い異国の戦争も、はるか昔に勃発した戦争と同じ理由で起こっているのです。

　もし今、あなたが進むべき指針を見失っているなら、まずは歴史を紐解いていきましょう。それらを役に立たない過ぎ去ったこととするのではなく、祖先たちがどう生きたのかを学ぶことは、未来へのコンパスとなってあなたを助けてくれるでしょう。

あなたがたの祖先の徳が
すでに残した足跡をたどるがいい！
祖先の意志が、あなたがたとともに登るのでなければ、
どうしてあなたがたは高く登ることができるだろう？

男が女を
愛する理由

恋に挑むのも生きる悦び

　人が登る必要もない山を登り、荒海に船で乗り出し、灼熱の砂漠を渡るのは、今この瞬間を生きているという強烈な実感を得るためです。圧倒的な " 生 " の実感は、いつも危険と隣り合わせ。死に迫れば迫るほど、生は痛感できるのでしょう。

　そして人生の冒険家たちは、色恋にも危険を求めます。人のものだから。簡単に征服できないから。だからこそ挑みたいという燃える思いは、相手を手に入れるまでの命がけの闘いに誘います。

　男たちは、その闘いで自身が燃えつきてしまうのも覚悟の上で、荒海に乗り出すように相手へと向かっていくのです。

男が本当に好きなものは二つ。危険と遊びである。
そしてまた、男は女を愛するが、
それは遊びの中で最も危険なものであるからだ。

ライバルは宝物

ライバルが人生を豊かにする

仕事や人生においての好敵手、つまりライバルの存在は、あなたの人生を前向きで豊かなものにします。

人は、自分一人で延々と努力を続けるのは難しいもの。成果を競い合うライバルがいて、その存在を日々意識することが、大きな刺激やモチベーションになるのです。

まずは、あなたを圧倒するほどの強い力や魅力を備えたライバルを見つけましょう。そして、その人を超えるほどの力を身につけられるよう、心を磨き、努力を重ねていくのです。その中にこそ、自分を良い方向へと導いてくれる真の友情があるのです。

あなたがたはあなたがたの敵を
誇りとしなければならない。
そのときはあなたがたの敵の成功が、
あなたがたの成功ともなる。

仕事を楽しもう

全力投球をして自分を磨く

　仕事は、そこそこにこなすのではなく、やるからには全力投球し、時間を忘れるくらい没頭しましょう。

　夢中になって打ち込むことで、つまらない悩みが吹き飛び、あなたの能力も飛躍的に向上していきます。

　上司への気配りやクライアントとの駆け引きも大切ですが、あなたにとって最も重要なことは、目の前の業務に熱中し、完璧を目指してそれをやりぬくこと。

　仕事の質が上がることは、あなたの人間性に深みが出るということ。仕事を通して人格が磨かれるのです。そして、仕事にかける思いが、あなたの生き方をより豊かなものにするでしょう。

**あなたがたの仕事、あなたがたの意志こそ、
あなたがたの最も近い「隣り人」なのだ。**

子どものように
真剣に

成熟した人は、子ども心を忘れない

大人になると経験も増え、物事に対して新鮮味を感じなくなっていきます。こんなものだろうと先を見通し、心を動かすことも減ってしまうかもしれません。

「童心に返る」とは素敵な言葉です。それは目の前に現れるものをまっさらな心で見つめ、喜んだり興奮したりできること。そこから、様々な発見と世界の広がりを得ることができるのです。

人生における出会いを斜めから見ず、正面から見つめる。これができれば私たちは、いつだって子どもの心に戻れます。それも大人の叡智や経験を備えた上で戻ることができる。それを成熟というのではないでしょうか。

**成熟とは、子供のとき遊戯の際に示したあの真剣味を
ふたたび見出したことである。**

今 の ま ま で 幸 せ

「足るを知る」ことが、幸せになるコツ

　人並み以上の富に恵まれ、はたから見て何一つ足りない
ものがないような生活をしている人ほど、心の内側に燻る
ような不満を抱えているもの。どんなに恵まれていても、
それを当たり前として軽視していれば、心が満たされるこ
とはありません。

　あなたに住む家があり、食べるものがあり、仕事があり、
そして友人がわずかでもいるのなら、それで充分ではあり
ませんか。

　今、自分が手にしている幸せに感謝し、足るを知る生き
方こそ、真に豊かな生き方です。今の生活よりもっと上の
贅沢を求め続けてはきりがありません。他人と比較して自
分が手にしていないものを一つ一つ数えるのは、貧しく愚
かな行為なのです。

**愚か者はよい暮らしを得ても、
それよりもっと、よい暮らしを求める。**

絶望した時こそ
自分を誇ろう

立ち向かったからこその、苦しみ

立ちはだかる壁に闘いを挑んだものの、力及ばず敗れ去った時、あなたは絶望し、もう立ち直れないと思うかもしれません。

その時のあなたは「負けた」という一点に打ちのめされています。けれど、大切なことを忘れないでください。あなたは、諦めたり、逃げたりしなかったのです。

絶望からくる苦しみは、あなたが逃げずに勇気を出して立ち向かった証。それを恥じたり後悔する必要はないのです。

あなたは立ち向かい、そしてこんなにも苦しんだ。その絶望こそが、あなたの輝ける勲章です。

あなたがたが絶望におちいっていること、
そこには多大の敬意を払うべきものがある。なぜなら、
あなたがたはあきらめることを学ばなかったのだから。

超人とは

　ニーチェの著書『ツァラトゥストラ』の主人公によって体現された人間の新しい型です。超人思想の狙いは、ルサンチマン（→ P66）を抱えた禁欲主義ではなく、人間をもっと逞（たくま）しく高潔な存在とするような道徳や理想を新たに打ち立てることでした。

　ニーチェは著書の中で、人間関係の様々なしがらみに怯（おび）え、受け身の姿勢で他者と似たような行動をとって安心するという一般大衆を、「畜群（ちくぐん）」という過激な表現を使って徹底的に罵（ののし）りました。そして、無意味に思える人生の中でこそ、独立した強い意思で行動する「超人」を創出すべきと説いたのです。ルサンチマンのような、人間の弱さを前提とした概念ではなく、生きることを誇り高いものとして肯定し、より本能や直感に根ざすエネルギーを生み出せるような強い理想を打ち立て、それを実現できるレベルの人間（すなわち超人）を待望したのです。

　ルサンチマン的な世界に縛られ苦しんでいる人間たちは、弱い仲間たちとの連動を捨て去り、この超人こそを目指して、未来に向かって逞しく進むべきである。今、現代を生きている私たちに、ニーチェはそう語りかけているのです。

chapter 4

自らを高めよ

スリルがあるから
面白い

挑戦が人生を面白くする

　「親に反対されたから」「失敗すると言われたから」…。そう言われて、自分の夢を諦めたことはありませんか。

　世界で初めて全身麻酔による手術を成功させたのは、華岡青洲という日本人でした。調合の資料が何もない中で薬草を配合し、動物実験だけでなく母と妻の協力による人体実験を繰り返し、実に20年もの歳月をかけて麻酔薬を開発したのです。それは、命の危険をも伴う、苦難の連続だったといわれています。

　リスクを覚悟して大きな賭けに出る人には、大きく豊かな見返りがもたらされるのです。

　時には危険を承知の上で挑むことが、あなたの夢を大きく開きます。守るばかりでなく、挑戦することも大切にしましょう。

人生を危険にさらせ。

孤独が
人格を磨く

一人の時間を過ごしてみよう

　人は一人では生きていけません。職場や家庭など、集団と関わらなければ社会生活は成立しないのです。

　しかし、集団でいる時には見えなかったものが、一人になると見えてきます。いつも気の合う仲間たちと一緒に行動していると、つい周りに依存してしまうもの。それが、一人になることで心身共に緊張し、自分で考えたり行動する力が磨かれます。そして、同時に仲間のありがたみも感じ、感謝の心が芽生えるでしょう。

　たまには居心地のいい集団を離れ、一人で過ごす時間を持ちましょう。孤独感を味わえる環境は、あなたの人生をより哲学的に、より豊かなものへ変化させてくれます。

**人は、孤独を味わうことにより、己に厳しくなり、
他に優しくなる。いずれに傾いても、人格が磨かれる。**

出る杭になれ

憎まれても気にしない

社会的に成功すると、人からの嫉妬や陰口を受けることがあります。成果を邪魔して、蹴落とそうとする人たち。その暗いエネルギーにいくら抵抗しても、徒労に終わるだけでしょう。

一流と呼ばれる人たちは、想像もつかないような努力を重ねて、今の地位を築きました。その道のりで、彼らも多くの批判や嫉妬に曝（さら）されたでしょう。しかし、他人の評価を気にして行動を変えない勇敢さが、彼らを成功へと導いたのです。

出る杭は打たれるもの。あなたの足を引っ張ろうとする人たちは、放っておけばいいのです。それより、あなたの使命に力を注ぎましょう。そして、正当に評価してくれる人たちとの関わりを大切にしていきましょう。

飛ぶ者ほど、飛べない者に憎まれる者はない。

敵は
他人ではない

ポジティブ思考で自分に勝とう

「どうして私はこんなこともできないのだろう」、「いつも同じところでつまずいてしまう」…。自分の弱さを痛感することは誰にでもあります。まさに自分の敵は自分なのです。

自分からの攻撃は、人からの攻撃よりも容赦なく、人生に与える影響も大きいものです。しかし、それに気づけば、自分への厳しさを緩め、許し、肯定することもできるはずです。

あなたが真に闘うべきは、あなたを厳しく否定するあなたの心かもしれません。自分を否定する気持ちが湧き起こったら、前向きに発想を切り替えましょう。どこまでもポジティブに思考を切り替えることこそ、自分に打ち勝つ秘訣なのです。

あなたが出会う最悪の敵は、
いつもあなた自身であるだろう。

自分で決めよう

自分で決めるからこそ、楽しい

自分で決めて進むのは、想像以上に大変なこと。人に判断を委ね、言われるままに動いているほうが楽なのです。

たとえば、自分で立てた企画を通すには、周囲を説得する必要があります。プロジェクトが動き出せば、様々なことを進行、管理しなければいけません。次から次へと責任の嵐がやってきます。

あまりの大変さに、やらなければよかったと放り出したくなることもあるでしょう。しかし、そこで諦めたり人任せにせずにやり遂げるからこそ、大きな達成感や喜びを手にできるのです。

自分が主導になって何かを創りあげること。それこそが、真にあなたの人生を生きることです。

自分に命令する力のない者ほど、
自分を命令する者を求める。

好きに言わせて
おけばいい

沈黙は、大人の余裕

　自分に非はないのに、責められるようなことがあったら。そんな時はむやみに自分の正しさを主張せず、「好きに言わせておこう」くらいの余裕を持って静観しましょう。

　敵意をむき出しにして泥仕合のように言い争う人は、人との関係を壊し、自分の評価を下げてしまうこともあるのです。

　悪口や噂話にあえて反論せず沈黙を守ることで、悪口を言う人の気も削がれます。あなたに誠実さを見出す人もいるでしょう。

　とはいっても、あまりに不当なことはきちんと正すことが必要です。あくまでも丁寧に、事実と異なる旨を静かに伝えましょう。そしてあとは黙っておくのが、真の人格者なのです。

自分が正しいと主張するより、
不正をうけとっておくほうが高貴である。

足下に宝がある

遠くより、近くを見よう

　仕事はつまらないし、人間関係もうまくいかない。思い切って海外に留学して新境地を開拓しようかな…。誰でもそんな思いを抱いたことがあるかもしれません。

　今いる場所では輝けないから、遠くに新しいものを探しに行こうという思い。それは悪いことではありません。しかし、遠くに見える理想に心をとらわれるのではなく、目の前に与えられていることを、パーフェクトにこなしてみたらどうでしょう。今の仕事に全力で打ち込むことが、新しいキャリアの一歩になるかもしれません。今の環境から得られるものは、必ずあるはずです。

　行き詰まった時は、もう一度今いる場所を見つめてみましょう。そこにあるチャンスを活かして人生が開けることもあるのです。

足下を掘れ、そこに泉あり。

新しい自分になる

壁に当たったら、やり方を変えよう

　仕事も順調でプライベートも絶好調、何の妨げもない時に人は変化を必要としません。しかし、病気になったり、家族や友人たちとの関係悪化、仕事の不調などが続く時は、思い切ってそれまでのやり方を変えることが必要です。

　なじんだやり方を手放すのは怖いことでもありますが、それを恐れて立ち止まっていては、何も変わりません。逆に変わらないことで、問題や悩みがますます大きくなることもあるのです。

　うまくいかない時は、やり方を変えること。あなた自身が変化を取り入れることで、周囲も変わっていくでしょう。

脱皮できない蛇は滅びる。意見を脱皮していくことを妨げられた精神も同じことである。
それは、精神であることをやめる。

ちょっと無理
してみたら
うまくいくこともある

失敗したから、成長できる

　人から笑われたくないから、プライドを保ちたいから…。そんな理由で、行動することをやめる人は多いものです。

　好きな人に愛を告白したら、笑われるんじゃないか。フラれて傷つくんじゃないか。だから、自分からアプローチできずに想いを抱えたまま時間だけが過ぎてゆき、ほろ苦い後悔として残る。

　恋愛も練習です。「あなたが好き」と正面から相手に言える力強さは、あなたを何倍も魅力的に見せます。たとえ、失敗に終わり傷ついたとしても、想いを伝えることが大切なのです。「もうダメだ」と落ち込んで、上がっていく時に人は成長します。

　失敗して、傷ついて学んでいく。それを成長といいます。その繰り返しが、人生を輝いたものにするのです。

自分を破壊する一歩手前の負荷が、
自分を強くしてくれる。

苦いからこそ
本物

厳しさも愛情だと気づいて

　愛するがゆえ、あなたの将来を深く思うがゆえに、あなたに厳しく接した両親、あるいは先生。彼らの愛の深さを後になって思い返し、しみじみと感謝する、そんな思い出のある人は多いのではないでしょうか。

　「あの時のあの言葉は、愛のムチだったんだ」。その時には恨んだり嫌だなと感じていたことも、長い年月が経ってようやくその奥にあった深い愛情が感じられるようになるものです。

　相手に恨まれるとわかっていても、すぐに理解されなくても、相手のためになることを伝える。そうやって愛を示していくこと。それこそ、本物の愛の形なのかもしれません。

最上の愛の杯の中にも、苦いものはある。
だからこそ、それは超人への憧れを生み出すのだ。

弱いから悪に走る

悪の先に、明るい未来はない

借金を返そうとして、返すあてもない借金を周囲に重ねる…。お客さんから商品のクレームが来ても、現場の責任を問われるのが怖いからと上司に報告せずに、後々大きな問題に発展する…。

社会で生きていると、嫌というほど目にするのが、弱さゆえに悪をなしてしまう人々の姿です。

人は皆、弱いもの。トラブルの内情を聞くと、「もし同じ立場なら同じことをしたかもしれない」と怖くなることがあります。けれど、こんな悪の行いには決して明るい未来など存在しません。

大切なのは、自分の弱さを知り乗り越えてゆくこと。そして、弱さを乗り越えるため、厳しく自分自身を日々の生活の中で鍛えていくしかないのです。

悪とは何か。弱さから生ずるすべてのものである。

いつか
空を飛びたい

まずは基本をしっかり学ぼう

大きな飛躍をしたいなら、まずは基礎をしっかり学ぶこと。語学においても基本的な単語や文法を習得してから、会話へと進むでしょう。基礎力がないのに、テクニックをマスターしようとしても、単なる付け焼刃に終わります。

人生もそれとまったく同じです。いつか大きな飛躍や成功を手にしたいと願うのなら、山を登るように麓から一歩一歩、足を進めていくしかありません。そうやって訓練を積んでいくことです。地味な努力を重ねていけば、様々な能力が身につきます。そしていつか、大きなジャンプができるようになるでしょう。

いつか空を飛ぼうとする者は、まず、立ち、歩き、
走り、よじ登り、踊ることを学ばなければならない。
いきなり飛んでも飛べるものではない！

永遠回帰とは

　永遠回帰とはニーチェの後期思想の根幹をなすものであり、代表作『ツァラトゥストラ』において、はじめて提唱されました。ニーチェの永遠回帰の思想をたとえるなら、それは一枚の CD のようなもの。まったく同じ流れが、永遠に繰り返されるという意味です。絶望的にも感じられる永遠の繰り返しがそこに描かれます。人類にとって過酷な永遠回帰を受け入れ、その中で全力で生きていく人こそが超人（→ P92）であるというのが、ニーチェの考えでした。

　彼は著書の中で「われわれの魂がたった一回だけでも、絃のごとく幸福のあまり震えて響きをたてたなら、このただ一つの生起を引き起こすためには、全永遠が必要であった」と書いています。つまり、たった一度でも人生を祝福できる瞬間に出会えれば、人はその瞬間のために永遠を繰り返すことができると説いたのです。

　どれだけ努力してもすべてが決定しているならば、何をしても無駄ではないかと落ち込むかもしれません。しかし、永遠回帰を受け入れ、その輪の中で輝ける生き方を掴んだ者、人生を肯定できた者だけが超人になれるというのが、ニーチェの教えなのです。

chapter 5

前を見て進め

やめたら終わり

簡単にギブアップしないで

　大きなことを成し遂げた人の共通点。それは諦めなかったから。どれだけ失敗しても、不屈の精神でチャレンジし続けたことです。

　何かに挑戦すれば、失敗はつきものです。一度心に決めてその道に入ったのならば、ちょっとやそっとの苦労で道半ばに舞台から下りてしまうのはもったいないこと。何年にも渡る努力が無駄になるだけでなく、自分は完走できなかったという悔いがずっと心に残ります。一定の結果を残すゴールまで、わき目も振らずに猛進しましょう。

　失敗したら終わりではありません。やめたら終わりなのです。一つのことをやり遂げれば、そのことによって自信がつき、余裕が生まれます。そして更なる高みへ挑むことができるのです。

負けても終わりではない。やめたら終わりだ。

無駄な時間
なんてない

まわり道にも、意味がある

「本当に今のやり方でいいのかな」「今までやってきたことすべてが間違いじゃないか」…。頑張っても成果が出ない時は、こんな不安に襲われるかもしれません。そんな時こそ、これは運命のまわり道だと心を落ち着かせて、今の状況を見つめてみましょう。

人生の転機となる、つらい出来事。その時に立ち止まって自分の思いや進みたい方向を確認することはとても大切です。

月日が経って、その時のことを思い出してみると、当時のつらさこそが実は多くを学ばせてくれたということに気づきます。

すべての道は、未来に繋がっています。成長するために不可欠な知識や経験が、人生の中でムダに思えた空白の時間に含まれていることも多いのです。

すべての良いものは廻り道をして、その目標に近づく。

冷静な視点を
忘れない

悪意の連鎖を断ち切ろう

　友人に強く否定されたり、上司から理不尽な叱責を受けたりして傷つくと、物や人に当たってしまったりします。人からの攻撃を受けて、自分も攻撃的になってしまうことがあるのです。

　なんだか最近心がトゲトゲしているなと感じたら、自分の心が悪い方に染まっていないか見つめ直してみましょう。

　まずは大きく深呼吸。心のリセットボタンを押しましょう。少し視野を広げてみると、怒りにとらわれたちっぽけな自分が見えてきます。人の悪意は、心を乗っ取るほどの強い力を持っています。それにのまれない芯の強さを持つことが大切です。

**怪物と戦う者は、その際自分が怪物にならぬように
気をつけるがいい。長い間、深淵をのぞきこんでいると、
深淵もまた、君をのぞきこむ。**

頂上に行くほど
道は厳しい

孤独や困難は、自分が成長した証

　あなたが上へ行けば行くほど、下に属する人の数は増え
ます。その中で嫉妬や干渉を受け、責任も増えていくでしょ
う。それは人の命を救う医療の世界でも、メダルを狙うア
スリートの世界でも、会社経営の世界でも全く同じことです。

　しかし、それは自然なことなのです。上へ行くほど、人
は良くも悪くも孤独になっていくのです。孤独を感じるよ
うになったことは、それだけの力と皆を受け入れるだけの
器が備わってきたということなのです。

　華やかな場に立つほど、責任の大きさや孤独感も増しま
す。孤独や困難は自分が成長してきた証として受け止めま
しょう。

人生は常に頂上に近づくほど困難が増してくる。
寒さは厳しくなり責任は重くなる。

完璧を
目指さない

完璧にこなすのは、やめよう

　家事や育児、仕事などを完璧にこなそうとすると、一日が 24 時間以上あっても足りません。疲れを翌日まで引きずり、楽しさを喜び味わう余裕もなくなるでしょう。

　そんな時は、思い切って雑務の一部を切り捨てることも大切です。そして好きな本を読んだり、スキルアップのために勉強するなど、自分が本当にしたかったことや自分磨きをするための時間を、毎日の生活の中に取り入れましょう。

　人生は、毎日をただ生きるためだけのものではありません。あなたが幸せになるようなちょっとした時間を取り入れていけば、毎日はより豊かになるのです。

毎日少なくとも一回、何か小さなことを断念しなければ、
毎日は下手に使われ、翌日も駄目になるおそれがある。

会話ができる
相手こそ
生涯の伴侶

尽きぬ話題で笑い合える相手を

　若々しく端正な容姿も、性愛の魅力も、年月の経過と共に色褪せていきます。子どもが大きくなって独立し、親としての仕事もひと段落ついた後に、二人の間に残るものなんて、ほんのわずか。

　その時、長い人生を共に闘ってきた同志愛のような絆と、心を許して語り合えるムードがあれば、なんと幸せなことでしょうか。

　結婚とは永遠に続く、他者との共同生活です。子どもや親兄弟たちはやがては去っていくもの。夫婦の間で会話を楽しみながら、年を重ねていきましょう。最後は二人きりで向き合い、尽きぬ話題で笑い合える間柄を、若いうちから築いていきたいものです。

結婚するときはこう自問せよ。
「年をとってもこの相手と会話ができるだろうか」。
そのほかは年月がたてばいずれ変化することだ。

失敗は
終わりじゃない

いくらでも再出発できる

　失敗には二種類あります。弱さゆえの失敗と、挑戦したがゆえの失敗です。けれど、どちらの失敗にも共通すること、それは失敗から学びとった教訓を、次の挑戦に活かせるということです。

　歴史上の優れた研究家たちも、数え切れないほどの失敗を繰り返して、最後に成功を手にしたことを思い出しましょう。

　失敗は終わりではありません。失敗したからといって、あなたが終わってしまうわけではないのです。今は真っ暗に思えるかもしれませんが、そこで得たことを元にやり直せばいいのです。

　失敗は次への種まき。そう割り切って、次へ挑める人こそ、成功を手にする人なのです。

あなたがたが大きなことに失敗したとしても、だからといってあなたがた自身が失敗だという訳だろうか？

いつまでも
くよくよしないで

何度でも挑戦しよう

　人生で起こるすべてのことを覚えておく必要などありません。「そんなこともあったな」「すっかり忘れちゃってたわ」という軽やかな忘れっぽさが、あなたを前に進めることもあるのです。

　恥ずかしくて、とても口に出せないような大失敗をしても、時の経過と共に、そのいたたまれない感覚は薄れていくでしょう。

　後悔を引きずっていては、前向きになれません。失敗の思い出をいつまでも記憶していれば、怖くて前に進む勇気など湧いてこないのですから。

　忘れることで、また何度でも同じことに挑戦できるのです。最初の思いきりの良さを失わないことが、何よりも大切なのです。そうやって、少しずつ学び、忘れては進んでいけばいいのです。

忘却はよりよき前進を生む。

別れを選ぶ勇気

愛した人との別れを選ぶ勇気

　愛情とは、心から自然に溢れ出る泉のようなもの。尽きることなく溢れてくる時もあれば、何をどうしても枯れ果てたように一滴も出ないこともあります。

　昔は愛し合った関係でも、時の経過と共に愛の濃さは変化していきます。以前のように相手を愛せなくなったら、無理に愛を与えようとしたり、我慢して向き合うのはやめましょう。愛の濃度をめぐって、傷つけ合っては互いが苦しむだけかもしれません。

　そんな時は、相手の人生から一度、離れることも必要です。騒いだり憎しみ合うのではなく、静かに相手の幸福を祈って別れを選ぶ勇気を持ちたいものです。

もはや愛することができないときは、
しずかに通り過ぎることだ！

誇りを持って
死ね

時として、終わりにする決断を

死は人の命だけではありません。物事や関係性など、すべてには始まり（生）があり、終わり（死）があります。

人間関係や仕事、恋愛などで「自分が出せない」「自分の言動に誇りが持てない」と、つらい思いを抱えながら日々を過ごしていたり、その関係が苦しみを増すだけのものならば、一度立ち止まって終わらせることを考えてみましょう。

人生は苦しみだけではありません。その関係の将来に愛や安らぎといった幸福につながる要素が一つもないのであれば、時には誇りを持って断ち切ることも必要なのです。

人間は、
もはや誇りを持って生きることができないときには、
誇らしげに死ぬべきである。

人生は
終わりのない旅

自分だけの道を創造しよう

　人生は、あなただけのもの。憧れの人の生き方を参考にすることはできても、人生を丸ごとコピーすることはできません。

　あなただけの道を選び、幾度も失敗しながら、その都度立ち上がり進んでいくしかないのです。自分の目指す道で試行錯誤を繰り返していくなら、その工夫は尽きることがありません。

　まずは、日々の小さな夢を叶えるところから。その積み重ねがとんでもなく偉大な夢へとあなたを運んでくれるのです。

　そして世界にはきっと、あなたにしか成し遂げられないものがあります。あなたにしかできない使命を、あなたのやり方で実現していけばいいのです。そんな未来を思い描きながら、信じた道を創造していきましょう。

おまえはおまえの偉大をなしとげる道を行く。

🐾 **文　菅原こころ**（すがわら こころ）

1976年、大分県生まれ。同志社大学文学部卒業。広告代理店のディレクターを経て独立し、フリーへ。「別冊宝島」（宝島社）、「時空旅人」（三栄書房）など教養誌へ記事執筆、「常識なんてにゃんセンス」「般ニャ心経」（以上、全てリベラル社）などで取材・文を担当。戦争、宗教、歴史哲学など人の心が生み出す諸相に興味を持つ。名古屋市在住。

🐾 **参考文献**

「これがニーチェだ」永井均著（講談社現代新書）

「ニーチェ入門」竹田青嗣著（ちくま新書）

「ニーチェと哲学」ジル・ドゥルーズ著・江川隆男訳（河出文庫）

「この一冊で哲学がわかる！」白取春彦著（三笠書房）

「人間的、あまりに人間的」Ⅰ、Ⅱ（ちくま学芸文庫）

「ツァラトゥストラ」上、下（ちくま学芸文庫）

「曙光」（ちくま学芸文庫）

「ツァラトゥストラ」西研著（NHK出版）

「悲劇の誕生」（岩波文庫）

「この人を見よ」（岩波文庫）

「道徳の系譜図」（光文社古典新訳文庫）

「善悪の彼岸」（光文社古典新訳文庫）

文	菅原こころ
装丁デザイン	宇都木スズムシ (ムシカゴグラフィクス)
本文デザイン	尾本卓弥 (リベラル社)
編集協力	宇野真梨子
編集人	伊藤光恵 (リベラル社)
営業	持丸孝 (リベラル社)
制作・営業コーディネーター	仲野進 (リベラル社)

編集部　鈴木ひろみ・中村彩
営業部　津村卓・澤順二・津田滋春・廣田修・青木ちはる・竹本健志・榊原和雄

※本書は 2015 年に小社より発刊した『常識なんてにゃンセンス 人生を変えるニーチェ
の言葉』を文庫化したものです

にゃんこニーチェ

2022 年 8 月 26 日　初版発行

編　集　リベラル社
発行者　隅田　直樹
発行所　株式会社 リベラル社
　　　　〒460-0008　名古屋市中区栄 3-7-9 新鏡栄ビル 8F
　　　　TEL 052-261-9101　FAX 052-261-9134　http://liberalsya.com

発　売　株式会社 星雲社 (共同出版社・流通責任出版社)
　　　　〒112-0005　東京都文京区水道 1-3-30
　　　　TEL 03-3868-3275

印刷・製本所　株式会社 シナノパブリッシングプレス